LA FUTURE
CONSTITUTION

PAR

Léopold **HERVIEUX**

PRIX : **20** CENTIMES

PARIS

ARMAND LE CHEVALIER, ÉDITEUR

61, rue de Richelieu, 61

1871

LA FUTURE

CONSTITUTION

I

Dans les vingt-deux années qui viennent de s'écouler, la France est passée, pour la seconde fois, par les étapes que de 1789 à 1815 elle avait glorieusement parcourues; pour la seconde fois, elle a eu une Constituante, une Législative, un dix-huit Brumaire, un Consulat et un Empire. Mais la seconde révolution n'a été que la pâle copie de la première, et si elle en a offert au début tous les excès et à la fin tous les désastres, elle n'en a pas eu la grandeur.

Le 4 septembre dernier, la République a été proclamée, et une Assemblée nationale est convoquée pour donner au pays une Constitution nouvelle.

Ne roulons pas une troisième fois dans le même cercle; la France n'y survivrait pas.

Méditons notre lamentable histoire, échangeons franchement nos idées, et unissons nos efforts pour construire sur de fortes bases un édifice durable.

Dans la faible mesure de mes forces j'essaye d'accomplir ce devoir. Puissé-je avoir inspiré à de plus compétents la pensée d'imiter mon exemple !

II

La première question qui se présente est celle de savoir quelle forme de gouvernement il convient d'adopter.

La République n'est aujourd'hui qu'un fait. Le 4 septembre dernier, elle n'a pas été légalement substituée à l'Empire. La foule, qui l'acclamait aux abords du palais Bourbon, n'avait pas un droit qui n'appartenait qu'à la France entière, et le Corps législatif, qui seul représentait la nation, n'avait pas reçu d'elle les pouvoirs constituants. D'ailleurs, si elle les avait possédés, elle n'aurait pu régulièrement s'en servir ; car, dans sa frayeur, la droite de l'Assemblée s'était dispersée, et la gauche, restée en séance, ne se composait pas d'un nombre de députés suffisant pour délibérer.

Mais si le fait a devancé le droit, il ne faut pas le regretter. Il a eu son utilité : il a servi à désarmer la colère de la foule, qui, lasse du régime monarchique, demandait la République, et il a déconcerté, au moment même où elles commençaient à renaître, les espérances des prétendants, qui rêvaient dans leurs personnes la restauration de leurs familles.

Si toute autre forme de gouvernement était dorénavant possible, ces considérations seraient insuffisantes pour justifier une précipitation pareille; mais il est évident qu'aujourd'hui la République est inévitable. Toutes les nations de l'Europe y marchent à pas plus ou moins rapides. Ce n'est pas seulement l'absolutisme déguisé sous le nom de pouvoir personnel qui a succombé à Sedan, c'est le principe monarchique.

Le principe monarchique a fini sa mission en France, et, pour que j'en arrive à tenir ce langage, il faut que cette vérité soit bien palpable; car j'ai pour les princes d'Orléans une sympathie sincère.

Aujourd'hui tout le monde comprend qu'un pays n'est pas dans la main d'une famille régnante un patrimoine transmissible. L'esprit le moins cultivé ne voit plus dans le gouvernant qu'un mandataire salarié dont le peuple est le mandant, et qui, comme tout mandataire, peut être révoqué, même sans cause.

Peut-être serait-il plus juste de voir, dans le contrat qui intervient entre le peuple et le gouvernant, non pas un mandat, mais un louage de services; peut-être le gouvernant doit-il être considéré comme l'employé principal d'un patron, qui est la nation, et qui, à moins de causes graves, ne peut, avant l'expiration du terme fixé, lui retirer son emploi.

Mais quel que nom qu'on donne au contrat, soit qu'on considère le chef de l'État comme un mandataire, soit qu'on voie en lui un employé, on est forcé de reconnaître que le contrat doit au moins prendre fin par son décès.

Le mandant et le patron ne choisissent tel mandataire ou tel employé qu'à raison des aptitudes qu'ils lui reconnaissent. Mais l'homme ne transmet pas à ses enfants ses aptitudes avec sa fortune. De là le principe que posent les articles 1795 et 2003 du Code civil, principe suivant lequel la mort met fin au contrat de louage et au mandat.

Le principe monarchique, reposant sur la transmission du pouvoir exécutif, est donc incompatible à la fois avec la loi de la nature et avec la loi civile.

Personne n'admet que les fonctions législatives ou judiciaires soient transmissibles. Il n'est pas un homme qui ne trouverait ridicule qu'un enfant en bas-âge pût, à la place de son père, siéger dans une Assemblée législative ou présider une cour ou seulement un tribunal. Pourquoi, quand il s'agit des fonctions du pouvoir exécutif une pareille hypothèse ne semble-t-elle plus hyperbolique? J'avoue que, si je me borne à faire appel à ma simple raison, il m'est impossible de me l'expliquer ; car il est incontestable que l'exercice du pouvoir exécutif exige une instruction beaucoup plus vaste que les fonctions qui se rapportent aux deux autres pouvoirs, et cela se comprend : les fonctions législatives et judiciaires sont remplies par un grand nombre d'hommes spéciaux qui se complètent les uns par les autres. Au contraire, le pouvoir exécutif étant placé dans la main d'un seul homme, cet homme est obligé d'être initié à toutes les connaissances qu'en exige l'exercice. Or, le principe monarchique expose à faire remplir par un ignorant, et cela s'est vu, par un imbécille ou un fou, une fonction qui ne doit être confiée qu'à l'homme le plus éminent de son pays.

Si bien des personnes ne sont pas encore aujourd'hui frappées d'une contradiction si singulière, cela tient à la puissance de l'habitude qui étouffe le raisonnement. Les institutions monarchiques sont de nos jours un des derniers vestiges de la féodalité. Dans les idées féodales, le seigneur était propriétaire du sol, et les hommes qui le cultivaient, quand ils n'étaient pas des serfs, n'étaient en core que des tenanciers à titre précaire. Le roi, comme les seigneurs, eut sa terre féodale, qu'on appelait le domaine royal. D'abord réduite à l'île de France, elle s'agrandit sans cesse. Par les mariages, par les héritages, par les conquêtes, par les confiscations, par l'avénement au trône des diverses branches de la dynastie capétienne, le morcellement disparut et la France entière finit par être réunie au domaine royal. Tandis qu'elle s'unifiait, le développement de la richesse par le commerce et le progrès des idées par l'instruction, accomplissant simultanément leur œuvre, préparaient sa future indépendance ; son unité et son affranchissement marchaient ensemble. Mais la royauté, intéressée au maintien des principes féodaux, n'avait pas cessé de les proclamer, et, au dix-septième siècle, Louis XIV, en plein parlement, disait encore : « L'État, c'est moi. »

Sous l'influence d'un régime politique qui a duré huit siècles, on s'explique que ce qui devrait heurter le bon sens semble tout naturel. Mais la vérité finit toujours par triompher, et, de nos jours, plus d'une fois nous avons pu voir les partisans les plus acharnés du pouvoir absolu lui rendre un hommage d'autant plus éclatant qu'il était plus involontaire.

Tout le monde se rappelle le discours éloquent par lequel M. Rouher défendit contre l'opposition la thèse de l'irresponsabilité ministérielle. Il proclamait la responsabilité du pouvoir trop lourde pour de simples ministres, et, faisant de son digne maître le plus pompeux éloge, il le déclarait seul capable d'en supporter le poids immense. N'était-ce pas la condamnation de l'hérédité, qui, dans ma pensée, est elle-même la base du principe monarchique?

Mais les enseignements de l'histoire ont montré combien le principe monarchique, contraire aux notions les plus élémentaires du droit, était funeste dans ses effets.

Pour tout souverain, le pays qu'il gouverne n'est ni un mandant ni un patron. Le pays n'est pas une personne, c'est une chose, et cette chose est pour lui un patrimoine qu'il cherche à agrandir le plus possible, ce qui est une perpétuelle cause de guerres, et dont il cherche le plus possible à assurer la transmission à sa descendance, ce qui expose constamment le pays à tomber dans des mains incapables.

Qu'on recherche froidement les causes des guerres qui ont ensanglanté l'Europe moderne, et l'on verra que presque toutes ont eu pour mobile ou un injuste désir de conquête, ou un misérable intérêt dynastique, et quelquefois les deux mobiles ensemble.

Les exemples pullulent : je ne veux citer que celui qui vient de s'imposer si cruellement à la France.

D'une part, n'est-il pas vrai que l'empereur valétudinaire qui a succombé à Sedan, n'avait, malgré ses infirmités, entrepris contre la Prusse une guerre gigantesque que pour en éviter les embarras et les dangers à son fils encore enfant, et lui assurer la possession tranquille d'un trône chancelant ? N'est-il pas vrai que c'est pour cet enfant de quatorze ans, d'origine à peine française, que le sang de la France a coulé à flots, que sa richesse immense a été détruite, qu'elle a été soumise par des armées pleines de haine aux plus exécrables violences, et qu'elle est enfin exposée à voir séparer d'elle les provinces chez lesquelles l'attachement à la patrie française avait les plus profondes racines ? D'autre part, n'est-il pas vrai que le vieillard ambitieux qui avait spolié d'abord le Danemark, sa victime, et ensuite l'Autriche, sa complice, n'a continué que dans des vues d'agrandissement territorial la guerre qu'il avait déclaré faussement ne faire qu'à la dynastie napoléonienne ? Personne n'osera me faire une réponse négative ; mais je n'insiste pas ; car ce tableau réveille en moi de trop poignantes douleurs.

J'en tire seulement cette conclusion, que la forme républicaine est la seule qui réponde aux idées modernes, et que, ces idées étant basées sur le droit, toutes les nations de l'Europe devront successivement l'adopter. Au milieu de nos humiliants revers, ayons du moins l'honneur de les devancer.

III

L'idée qu'éveille surtout la forme républicaine, c'est l'idée de la souveraineté nationale, l'idée que la nation est tout, l'idée que tous les droits et que tous les pouvoirs en émanent.

Si tous les pouvoirs en émanent, il est naturel qu'ils soient conférés par elle. Comment, à cet effet, devra-t-elle procéder ? Telle est la question qui se pose.

Une constitution républicaine ne peut pas admettre l'inégalité des droits politiques. Le cens a pu leur servir de base dans une monarchie dont la bourgeoisie était le point d'appui ; la charte de 1830 a pu ainsi substituer à l'aristocratie du sang détruite par la première révolution, l'aristocratie peut-être plus légitime de la fortune. L'égalité, qui est la base de toute république, ne peut admettre que l'aristocratie du mérite ; en principe, les droits de tous sont égaux, et le suffrage universel en est l'inévitable conséquence. Cette conquête de la révolution de 1848 ne saurait être abandonnée.

Malheureusement, dans l'état actuel de l'enseignement primaire, il faut reconnaître qu'il est difficile de le mettre en pratique. Il aurait dû être précédé de l'instruction obligatoire ; sans elle, c'est une force aveugle, qui, dans la main de la famille Bonaparte, a été un instrument de despotisme.

L'instruction obligatoire devra donc être une des bases du nouveau régime ; mais elle ne changera rien à l'état intellectuel de la génération actuellement en possession des droits politiques. L'enfant peut aller à l'école ; l'homme ne le peut pas.

Il faut donc, sans violer le principe du suffrage universel, recourir à un moyen terme, à celui qui nous est indiqué par la Constitution de 1791, et qui consiste dans l'élection à deux degrés.

L'universalité des citoyens, sans distinction de cens ou de capacité, aura à nommer un nombre plus ou moins considérable d'électeurs, qui, à leur tour, procéderont à l'élection définitive. Cette élection à deux degrés sera un remède temporaire, dont l'usage devra cesser avec le mal.

IV

Je viens de dire comment, quant à présent, la nation doit procéder pour déléguer ses pouvoirs. Il s'agit maintenant de savoir à qui elle doit les confier.

Pour résoudre cette question, il faut commencer par examiner quels sont les pouvoirs de la nation. Il est évident que tous ne peuvent pas être de la même nature. De là la célèbre classification due à Montesquieu.

« Il y a, dit-il (1), trois sortes de pouvoirs : la puissance législative, la puissance exécutrice des choses qui dépendent du droit des gens, et la puissance exécutrice de celles qui dépendent du droit civil. »

« Par la première, le prince ou le magistrat fait des lois pour un temps ou pour toujours, et corrige ou abroge celles qu'il a faites. Par la seconde, il fait la paix ou la guerre, envoie ou reçoit des ambassades, établit la sûreté, prévient les invasions. Par la troisième, il punit les crimes ou juge les différends des particuliers. On appelle cette dernière la puissance de juger ; et l'autre, simplement la puissance exécutrice de l'État. »

Ces trois pouvoirs ainsi définis appartenant à la nation ils pourraient légalement être donnés à un seul mandataire ; mais si elle veut rester libre, c'est là ce qu'elle doit par-dessus tout éviter. Mettre tous les pouvoirs dans la main d'un seul homme ou d'une seule assemblée, c'est créer le despotisme ; quiconque peut tout, ne tarde pas à abuser de tout ; et pour rendre cette pensée plus claire et plus précise, je laisse ici encore la parole à Montesquieu.

« Lorsque dans la même personne ou dans le même corps de magistrature la puissance législative est réunie à la puissance exécutrice, il n'y a point de liberté, parce qu'on peut craindre que le même monarque ou le même sénat ne fasse des lois tyranniques pour les exécuter tyranniquement.

(1) Montesquieu, *Esprit des Lois*, liv. xi, chap. 6.

» Il n'y a point encore de liberté si la puissance de juger n'est pas séparée de la puissance législative et de l'exécutrice. Si elle était jointe à la puissance législative, le pouvoir sur la vie et la liberté des citoyens serait arbitraire, car le juge serait législateur. Si elle était jointe à la puissance exécutrice, le juge pourrait avoir la force d'un oppresseur.

» Tout serait perdu si le même homme ou le même corps des principaux, ou des nobles, ou du peuple, exerçait ces trois pouvoirs, celui de faire des lois, celui d'exécuter des résolutions publiques, et celui de juger les crimes et les différends des particuliers. »

Le principe de la séparation des pouvoirs est donc la première base de la constitution. Il faut que le mandat législatif ne soit exercé que par ceux qui l'ont reçu; il faut que personne ne pèse sur la conscience du magistrat chargé d'interpréter la loi; il faut surtout que celui qui doit exécuter les décisions du législateur et celles du juge ne puisse directement ou indirectement s'approprier leurs attributions.

<h2 style="text-align:center">V</h2>

Il n'en est pas moins vrai que le principe de la séparation des pouvoirs a de nos jours perdu une grande partie de son ancienne popularité. Depuis 1789, toutes les constitutions de la France l'ont proclamé, et, toutes nous ayant plus ou moins conduit au despotisme, on en a conclu que ce principe était l'anéantissement de la liberté.

C'est faute de réfléchir qu'on a accueilli une pareille erreur. Si ceux qui l'ont commise avaient pris la peine de lire nos diverses constitutions, ils auraient vu que toutes, en le proclamant, l'avaient plus ou moins violé, et, s'ils avaient voulu seulement ouvrir les yeux sur les événements auxquels ils ont assisté, ils auraient reconnu que, pour comble de malheur, toutes dans la pratique ont elles-mêmes été plus ou moins violées.

Les unes, telles que les constitutions de 1793, ont donné à l'assemblée législative le pouvoir exécutif, et la France a eu la tyrannie de la Convention.

Les autres, telles que la Constitution de l'an VIII et les Chartes, ont attribué au chef du pouvoir exécutif une part plus ou moins large des pouvoirs législatifs, et la France a été plus ou moins opprimée par le despotisme militaire de l'empire, par le droit divin de la restauration et par l'éclectisme politique de la monarchie de juillet. La Constitution de 1852 a partagé le pouvoir législatif entre les députés de la nation et le chef de l'État. Il a eu seul l'initiative des lois, et toutes celles qu'il a proposées ont été oppressives. Il a eu seul le droit de faire les traités de commerce, et ceux qu'il a faits ont jeté la perturbation dans la situation économique du pays. Il a eu seul le droit de déclarer la guerre, et toutes celles qu'il a entreprises ont été des actes de folie, qui, par un enchaînement fatal, ont plongé la France dans l'abîme.

Mais, ainsi que je l'ai dit, ce ne sont pas seulement les constitutions qui ont violé le principe qu'elles proclamaient, ce sont encore les gouvernants qui se sont, par des empiétements funestes, emparés des pouvoirs qui ne leur avaient pas été conférés. Pour abréger, je n'en veux citer qu'un exemple, et, pour le rendre plus saisissant, je le prends dans notre histoire contemporaine. La Constitution de 1852, dans son art. 4, avait déclaré que « la puissance législative s'exerçait collectivement par le président de la république, le Sénat et le Corps législatif. » Les membres du Sénat étant choisis par le président de la république, les pouvoirs législatifs n'étaient en réalité partagés qu'entre le Corps législatif et lui. En fait, ce partage constitutionnel a-t-il été du moins respecté? Non; par les candidatures officielles, qui avaient mis dans ses mains la majorité des députés, le président de la république, devenu ensuite empereur, a, tout en sauvegardant les apparences, absorbé l'intégralité du pouvoir législatif.

Ce n'est donc pas l'application, c'est la violation du principe de la séparation des pouvoirs, qui a engendré la servitude.

VI

Le plus important de tous les pouvoirs étant le pouvoir législatif, c'est de lui que d'abord je m'occupe. Pour en apprécier l'étendue exacte, il faut tâcher de le définir. Montesquieu dit que c'est le pouvoir de créer ou d'abroger les lois. C'est là une définition qui me semble avoir le double inconvénient de se servir du mot à définir et de ne pas avoir assez d'extension. Le pouvoir législatif, pour moi, c'est le pouvoir chargé d'exprimer, par des dispositions générales, les volontés de la nation.

Deux conséquences toutes naturelles découlent de cette définition. La première, c'est que, plus que tout autre, il doit être issu du suffrage universel. La seconde, c'est qu'appelé seulement à délibérer et à prendre des résolutions communes, il doit nécessairement être mis dans la main d'une assemblée plus ou moins nombreuse. Ces conséquences sont si élémentaires et si universellement admises que je ne m'y arrête pas.

On est moins d'accord sur l'étendue des attributions ; mais ce qui fait la divergence, ce n'est pas précisément la difficulté de discerner si telle attribution est ou non du domaine législatif ; c'est plutôt la différence d'opinion sur la question de savoir si telle ou telle attribution incontestablement législative doit être laissée à l'assemblée chargée de faire les lois. Pour ceux qui admettent la division de Montesquieu, le doute n'est pas possible. Pour savoir de quoi doivent se composer les pouvoirs de l'assemblée, ils n'ont qu'à prendre pour base la définition du pouvoir législatif et qu'à faire la nomenclature des attributions qu'elle embrasse.

Je ne tenterai pas de l'établir. Mais pour donner un guide à ceux qui voudront la dresser, je reproduis ici, la trouvant assez exacte, celle que je rencontre dans la Constitution des 3-14 septembre 1791. Voici comment, dans la section I du chapitre III de cette Constitution, sont formulés les articles qui la contiennent :

« ARTICLE 1er. — La Constitution délègue exclusivement au Corps législatif les pouvoirs et fonctions ci-après :

1° De proposer et décréter les lois : le Roi peut seulement inviter le Corps législatif à prendre un objet en considération ;

2° De fixer les dépenses publiques ;

3° D'établir les contributions publiques ; d'en détermi-

ner la nature, la quotité, la durée et le mode de percep-
tion ;

4° De faire la répartition de la contribution directe entre les départements du royaume, de surveiller l'emploi
de tous les revenus publics, et de s'en faire rendre
compte ;

5° De décréter la création ou la suppression des offices
publics ;

6° De déterminer le titre, le poids, l'empreinte et la dé-
nomination des monnaies ;

7° De permettre ou de défendre l'introduction des
troupes étrangères sur le territoire français, et des forces
navales étrangères dans les ports du royaume ;

8° De statuer annuellement, après la proposition du Roi,
sur le nombre d'hommes et des vaisseaux dont les armées
de terre et de mer seront composées ; sur la solde et le
nombre d'individus de chaque grade ; sur les règles d'admission et d'avancement, les formes de l'enrôlement et
du dégagement, la formation des équipages de mer ; sur
l'admission des troupes ou des forces navales étrangères au
service de la France, et sur le traitement des troupes en
cas de licenciement ;

9° De statuer sur l'administration, et d'abandonner
l'aliénation des domaines nationaux ;

10° De poursuivre devant la Haute Cour nationale la
responsabilité des ministres et des agents principaux du
pouvoir exécutif ;

D'accuser et de poursuivre devant la même Cour ceux
qui seront prévenus d'attentat et de complot contre la sûreté générale de l'État, ou contre la Constitution ;

11° D'établir les lois d'après lesquelles les marques

d'honneur ou décorations purement personnelles seront accordées à ceux qui ont rendu des services à l'État.

12° Le Corps législatif a seul le droit de décerner les honneurs publics à la mémoire des grands hommes.

Article 2. — La guerre ne peut être décidée que par un décret du Corps législatif, rendu sur la proposition formelle et nécessaire du Roi, et sanctionné par lui.

Dans le cas d'hostilités imminentes ou commencées, d'un allié à soutenir ou d'un droit à conserver par la force des armes, le Roi en donnera, sans aucun délai, la notification au Corps législatif, et en fera connaître les motifs. Si le Corps législatif est en vacances, le Roi le convoquera aussitôt.

Si le Corps législatif décide que la guerre ne doit pas être faite, le Roi prendra sur-le-champ des mesures pour faire cesser ou prévenir toutes hostilités, les ministres demeurant responsables des délais.

Si le Corps législatif trouve que les hostilités commencées soient une agression coupable de la part des ministres ou de quelque autre agent du pouvoir exécutif, l'auteur de l'agression sera poursuivi criminellement.

Pendant tout le cours de la guerre, le Corps législatif peut requérir le Roi de négocier la paix ; et le Roi est tenu de déférer à cette réquisition.

A l'instant où la guerre cessera, le Corps législatif fixera le délai dans lequel les troupes, élevées au-dessus du pied de paix, seront congédiées, et l'armée réduite à son état ordinaire.

Article 3. — Il appartient au Corps législatif de ratifier les traités de paix et de commerce ; et aucun traité n'aura d' et que par cette ratification.

Article 4.—Le Corps législatif a le droit de déterminer le lieu de ses séances, de les continuer autant qu'il le jugera nécessaire, et de s'ajourner. Au commencement de chaque règne, s'il n'est pas réuni, il sera tenu de s'assembler sans délai.

Il a le droit de police dans le lieu de ses séances et dans l'enceinte extérieure qu'il aura déterminée.

Il a le droit de discipline sur ses membres ; mais il ne peut prononcer de punition plus forte que la censure, les arrêts pour huit jours, ou la prison pour trois jours.

Il a le droit de disposer, pour sa sûreté et pour le maintien du respect qui lui est dû, des forces qui, de son consentement, seront établies dans la ville où il tiendra ses séances.

Article 5. —. Le pouvoir exécutif ne peut faire passer ou séjourner aucun corps de troupes de ligne dans la distance de trente mille toises du corps. législatif, si ce n'est sur sa réquisition ou avec son autorisation. »

Telle est la nomenclature de la Constitution de 1791. Si elle n'est pas tout à fait irréprochable, elle est du moins bonne à méditer.

VII

Je passe au pouvoir judiciaire. C'est celui qui, chargé d'interpréter la loi, en fait, par des dispositions particulières, l'application aux personnes juridiques, c'est-à-dire aux êtres physiques ou moraux, susceptibles d'avoir des droits et des obligations.

Ce pouvoir doit être indépendant des deux autres, et cependant il n'a jamais été libre.

Comme les constitutions précédentes, celle de 1852 avait indirectement attribué au chef de l'État les pouvoirs judiciaires.

Pour ne parler d'abord que des magistrats de l'ordre purement judiciaire, elle avait bien continué à leur donner la protection de l'inamovibilité ; mais, par l'avancement, soumis au caprice impérial, elle avait laissé l'inamovibilité complétement illusoire.

Un tel état de choses est en principe inexplicable. Il n'est en fait intelligible que pour ceux qui en cherchent dans l'histoire la véritable origine; c'est encore une épave du système féodal. A une époque où tous les pouvoirs étaient réputés appartenir non à la nation, mais au roi, il était naturel que les magistrats chargés de rendre la justice en son nom fussent nommés par lui.

Mais, dans l'ancienne France, la vénalité des fonctions de la magistrature avait servi de contre-poids à l'absolutisme de la royauté. Les magistrats, propriétaires de leurs charges, avaient, dans une certaine mesure, échappé à la volonté despotique du souverain. La vénalité en avait en outre assuré le maintien dans des familles honorables, dont les membres étaient, presque dès l'enfance, préparés à les occuper dignement.

De nos jours, au contraire, c'est la faveur du chef du pouvoir exécutif qui fait le magistrat. Son choix, souvent déterminé par des sentiments égoïstes, peut n'être pas bon; mais, lors même que l'homme, ainsi choisi, possède les vertus que sa fonction réclame, il n'en a pas la liberté.

Je n'ai pas besoin d'en faire ressortir les fâcheuses conséquences; elles ont trop longtemps blessé la conscience publique pour être rappelées. Elles sont écrites dans les comptes rendus des procès de presse et dans les papiers trouvés aux Tuileries. J'aime à croire qu'elles appartiennent déjà au domaine du passé.

L'un des principaux objets de la future Constitution devra néanmoins être d'assurer à l'honorable magistrature de la France l'indépendance qui lui a manqué. Par quel procédé y parvenir? « Toute justice émane du roi, » disaient les juristes du moyen âge. Aujourd'hui toute justice émane de la nation. Ce n'est donc pas le chef du pouvoir exécutif, c'est le pays qui devrait les nommer. Mais le pays ne peut disposer de ses pouvoirs que par le suffrage universel, et il faut reconnaître qu'ici l'application en est presque impossible.

L'organisation des tribunaux de commerce, due au chancelier de l'Hôpital, nous donne un précieux exemple de l'élection des magistrats par leurs concitoyens. Mais d'une part les commerçants qui les nomment sont plus éclairés que la masse des électeurs; ils savent quelles conditions doivent remplir les candidats et connaissent la valeur de ceux qui se présentent à leurs suffrages. D'autre part, la fonction du juge consulaire exige plutôt la connaissance pratique du commerce que la science théorique du droit. Les principes juridiques qu'il doit appliquer sont généralement simples et limités.

Telle n'est pas la position du juge qui doit siéger dans les tribunaux ordinaires. Elle exige des études approfondies. Toutes les catégories d'électeurs sont ses justiciables; toutes, par conséquent, devraient en principe concourir à son élection, et aucune peut-être ne serait capable d'y procéder avec le discernement nécessaire.

Il faut donc ici renoncer au suffrage universel. Mais alors que doit-on y substituer ? A mon sens, ce serait le concours.

Il y a, dans l'ordre judiciaire, trois classes principales de magistrats : les juges de première instance, les conseillers des cours d'appel et les conseillers à la Cour de cassation.

Je voudrais que, dans les tribunaux de première instance, chaque siége vacant fût mis au concours. Les juges du concours seraient les professeurs de l'École de droit la plus voisine.

Pour les cours d'appel les vides ne pourraient pas se remplir par le même procédé. D'une part les magistrats d'une cour d'appel doivent être des hommes d'un âge mûr, et c'est seulement dans la jeunesse que les luttes des concours sont possibles ; d'autre part, ils ne doivent pas être d'emblée investis de fonctions, qui exigent une longue expérience.

Les membres d'une cour devraient se recruter dans les tribunaux situés dans son ressort, parmi les présidents de ces tribunaux et par rang d'ancienneté ; et, quand je parle de l'ancienneté, je fais allusion non pas à l'âge du magistrat, mais au temps de son exercice ; chaque cour ne verrait ainsi arriver dans son sein que des magistrats d'un mérite doublement éprouvé d'abord par le concours, ensuite par le suffrage éclairé de leurs collègues.

Cette organisation n'aurait pas même l'inconvénient de cantonner chaque magistrat pour toute sa vie dans le ressort de la même cour ; car le juge, qui voudrait passer d'un tribunal dans celui d'un autre ressort plus considérable, aurait toujours la voie du concours. De cette façon les siéges des tribunaux les plus importants seraient inévitablement occupés par les hommes les plus éminents.

Quant à la Cour de cassation, elle comblerait ses vides à l'aide des présidents des diverses cours d'appel, qui y seraient appelés suivant l'ancienneté.

Ce mécanisme ne nuirait en rien à l'inamovibilité, et il est entendu que l'avancement ne pourrait être imposé au magistrat qui préférerait conserver simplement sa position.

VIII

Pour les magistrats de l'ordre administratif, je voudrais une organisation similaire.

Quand on ne se place qu'au point de vue des justiciables, on peut comprendre que les magistrats de l'ordre judiciaire, n'ayant à trancher que les contestations entre particuliers, soient nommés par le chef du pouvoir exécutif. Mais comment admettre qu'il puisse également investir de leurs fonctions les conseillers de préfecture destinés à juger les différends entre les particuliers et l'État ? L'État n'est-il pas à la fois juge et partie ?

Une pareille organisation est tellement contraire au bon sens, que je n'ai jamais compris comment les particuliers pouvaient, en France, avoir la témérité de plaider contre l'autorité administrative. Encore, si, comme les magistrats de l'ordre purement judiciaire, les conseillers de préfecture étaient inamovibles, ils offriraient quelques garanties aux justiciables. Mais révocables au gré du chef du pouvoir exécutif, ils sont à sa merci.

La nécessité d'une réforme est donc ici encore plus évidente, et la meilleure serait encore le concours.

Il ne serait appliqué qu'aux conseillers de préfecture.

Quant au Conseil d'État, il est aux conseils de préfecture ce que les cours d'appel sont aux tribunaux de première instance. Je voudrais donc qu'il fût recruté de la même manière. Les membres les plus anciens des conseils de préfecture devraient être successivement appelés à en combler les vides.

Sous le dernier régime on comprend qu'ils aient été nommés et révoqués par le chef de l'État. L'ex-empereur possédait l'initiative des lois. Il était naturel qu'il choisît et supprimât à sa fantaisie les membres du Conseil d'État, qui n'étaient, en définitive, que ses délégués, chargés de préparer et de soutenir les projets de lois dus à son initiative.

Mais la Constitution future ne devant donner au chef de l'État aucune portion du pouvoir législatif, le Conseil d'État se trouve du même coup dessaisi des fonctions qui le constituaient son mandataire, et, presque uniquement réduit au rôle de tribunal administratif, il ne doit plus rester sous la dépendance de celui dont il doit être le juge.

IX

Je ne méconnais pas que le concours soit une grave dérogation au principe de la souveraineté nationale, et que l'harmonie constitutionnelle exigerait ici comme ailleurs l'emploi du suffrage universel. Pour ceux qui tiendraient à son application au pouvoir judiciaire, je dois donc proposer une solution conforme à leurs vues.

L'élection à deux degrés, légèrement modifiée, en fournirait le moyen. Il suffirait peut-être de décider que, lorsqu'il s'agit de la nomination des magistrats, les électeurs désignés par les assemblées primaires devraient remplir certaines conditions spéciales de capacité. Pour être sûr que l'électeur fût assez éclairé pour faire un bon choix, on pourrait exiger de lui, par exemple, le diplôme de licencié en droit. A plus forte raison, la même garantie de capacité devrait-elle être réclamée du candidat, auquel on pourrait encore demander un certificat de stage dans une étude d'avoué.

Pour les juges de première instance les électeurs seraient élus par l'assemblée primaire de l'arrondissement justiciable du tribunal. Les conseillers d'une cour d'appel devraient être pris parmi les tribunaux de son ressort, et seraient nommés par les électeurs justiciables de cette cour. Enfin, les conseillers à la Cour de cassation ne pourraient être pris que parmi les présidents des cours impériales, et seraient nommés par l'universalité des électeurs français.

Le même système serait appliqué aux conseillers de préfecture. Nommés par les électeurs du département, qui justifieraient de leur grade de licencié en droit, ils seraient l'unique pépinière d'où le suffrage universel ferait ensuite sortir les membres du Conseil d'État.

Il me resterait maintenant à déterminer les attributions du pouvoir judiciaire, mais sur ce point l'entente existe, et je m'abstiens. Il me suffit, d'avoir montré comment on peut parvenir à soustraire au chef du pouvoir exécutif les attributions judiciaires.

X

J'arrive à ce troisième et dernier pouvoir. C'est celui qui est chargé d'exécuter les volontés de la nation, exprimées soit par le pouvoir législatif, soit par le pouvoir judiciaire.

Il est entendu qu'il doit être dans la main d'une seule personne. Le pouvoir exécutif, ainsi que ma définition l'indique, c'est le pouvoir qui agit, et l'action, pour être ferme et rapide, ne doit pas être soumise à des volontés multiples.

Mais comment le dépositaire unique du pouvoir exécutif doit-il être nommé? C'est là un point sur lequel l'accord n'est pas unanime.

Il y a des personnes qui veulent qu'il soit nommé par l'Assemblée législative. Mais, de deux choses l'une : ou bien l'Assemblée législative a reçu du pays le pouvoir de choisir le chef de l'État, et alors le principe de la séparation des pouvoirs est méconnu ; ou elle ne l'a pas reçu , et alors c'est le principe de la souveraineté nationale qui est violé. La rigueur des principes veut que le chef du pouvoir exécutif soit directement élu par la nation.

En fait il importe de les respecter. Je sais bien que l'application qui en a été faite en 1848 n'a pas donné de bons résultats ; mais il ne faudrait pas croire que c'est la qualité d'élu de la nation qui a donné au président de la république la possibilité d'exécuter son coup d'État. Son criminel succès fut dû à d'autres causes.

Il y a, au contraire, grand avantage à l'élection du chef

du pouvoir exécutif par le suffrage de la nation. Il est évident que les hommes, qui, dans une assemblée législative, représentent leur pays, ne peuvent oublier, même dans l'accomplissement de leur mandat, les sentiments qui personnellement les animent. Toute assemblée législative comprend, surtout dans cette malheureuse terre de France, qui est par excellence le pays des prétendants, des groupes politiques qui appartiennent à des partis plus ou moins puissants. Le plus fort fera passer son candidat. L'élu du pays sera l'homme du pays ; l'élu de l'Assemblée législative sera l'homme d'un parti, et c'est ce qu'il faut à tout prix éviter.

Nommé par la nation, le chef du pouvoir exécutif est chargé d'en exécuter les volontés.

Comme exécuteur de ses volontés, exprimées par le pouvoir législatif, il ne fait pas les lois et ne concourt pas même à les faire ; mais, quand elles sont faites, il les promulgue et les fait respecter. Il ne déclare pas la guerre ; mais quand elle a été déclarée, il la dirige avec la force militaire dont seul il dispose. Il ne fixe pas l'impôt ; mais quand il a été voté, il le lève. Il ne fait pas les traités de commerce ; mais quand ils ont été conclus, il perçoit ou cesse de percevoir les droits de douane.

Comme exécuteur des volontés nationales, exprimées par le pouvoir judiciaire, il ne rend pas les jugements ; mais il prête, en matière civile, main forte aux particuliers qui poursuivent leurs débiteurs condamnés, et il fait, en matière criminelle, subir aux coupables les peines qu'ils ont encourues.

En un mot, les pouvoirs du chef de l'État ne devront empiéter sur aucune des attributions soit du pouvoir législatif, soit du pouvoir judiciaire.

Les pouvoirs législatif et judiciaire devront être absolument indépendants de lui, et, s'il est en différend avec eux, il ne devra pas lui être permis de recourir à ce que la Constitution odieuse de 1852 appelait l'*appel au peuple*, qui, pour tout ambitieux, signifie *coup d'État*.

XI

Après avoir esquissé l'organisation qu'exige la saine application du principe de la séparation des pouvoirs, j'arrive à la partie la plus importante de ma tâche ; je veux parler des moyens préventifs à employer pour rendre matériellement impossible l'empiétement d'un des trois pouvoirs sur les deux autres ou sur l'un d'eux.

L'expérience des soixante-quinze dernières années a prouvé que ce n'est ni des dépositaires du pouvoir législatif, ni de ceux du pouvoir judiciaire, que les empiétements sont à craindre. Je n'ai donc pas à m'occuper des mesures à prendre contre eux.

Il en a été autrement du chef du pouvoir exécutif. Disposant seul de la force matérielle, c'est lui seul qui est à redouter.

La Constitution future n'aura pas seulement à déterminer ses attributions, elle devra encore et par-dessus tout s'attacher à lui en rendre la limite infranchissable.

Le moyen est simple : suivant moi, il suffit que la Constitution du département, celle de l'arrondissement et celle de la commune soient l'image de plus en plus réduite, mais toujours exacte, de la Constitution générale du pays.

Le conseil général, le conseil d'arrondissement et le conseil municipal sont au département, à l'arrondissement et à la commune, ce que l'Assemblée législative est à la nation tout entière. Ce sont des pouvoirs législatifs locaux. Ils doivent donc être constitués par le même procédé, c'est-à-dire par le suffrage des habitants du département, de l'arrondissement et de la commune.

Le préfet, le sous-préfet et le maire sont au département, à l'arrondissement et à la commune, ce que le chef du pouvoir exécutif est à la nation. Ils devront donc, comme lui, être élus dans leur circonscription par le suffrage universel.

Quant à l'éligibilité, je crois qu'il ne faut pas être trop rigoureux. Je n'exigerais pas qu'un immeuble appartînt au préfet dans le département, au sous-préfet dans l'arrondissement, au maire dans la commune. Une telle exigence, en consacrant l'aristocratie de la fortune, serait contraire aux principes démocratiques. Mais je voudrais au moins que, de même que le chef du pouvoir exécutif doit être né en France, le préfet dût être né dans le département, le sous-préfet dans l'arrondissement, et le maire dans la commune.

De cette façon, au lieu de ces préfets à poigne, de ces sous-préfets serviles et de ces maires passifs, tous esclaves du pouvoir central et tyrans de leurs administrés, on verrait partout des hommes qui posséderaient la confiance de la population, et qui, connaissant ses besoins, auraient à la fois le désir et le pouvoir de les satisfaire.

Avec une pareille organisation il n'y aurait plus de violation possible de la Constitution, et si au mois de décembre 1851 elle avait existé, le prestige alors immense du nom de Bonaparte se serait brisé contre elle. Désormais indépendants du pouvoir central, les préfets, les sous-préfets et les maires ne seraient plus pour lui des agents de pression électorale; le vote deviendrait libre, et si un ambitieux, même populaire, méditait encore une surprise, il n'aurait plus l'espoir de faire, à coups de plébiscites, ratifier ses coups d'État.

XII

Et qu'on ne dise pas qu'une telle organisation aurait l'inconvénient de trop amoindrir la puissance du chef de l'État. Qu'on songe, en effet, qu'il aura toujours dans les mains la force matérielle du pays entier, l'armée, et cette armée bien plus forte encore qui se compose des innombrables agents du pouvoir exécutif. Car j'admets que, dans les plus grandes villes comme dans les plus humbles bourgades, les receveurs de l'enregistrement, les percepteurs des contributions directes ou indirectes, les préposés des douanes, les employés des postes et des télégraphes, en un mot tous les agents, dont les fonctions, si modestes qu'elles soient, se rapportent à l'administration générale du pays, soient tous directement dans la main du chef du pouvoir exécutif, et je ne veux soustraire à son autorité que les fonctionnaires à qui sont confiés les intérêts purement locaux.

Au surplus un pays n'est plus fait aujourd'hui pour servir au bonheur ou à l'élévation d'un homme, et si à ce prix la nation doit reconquérir sa sécurité et sa grandeur, qu'importe que la puissance relative du chef du pouvoir exécutif soit même considérablement réduite ?

Je comprendrais plutôt le langage de ceux qui, mus par un sentiment plus patriotique, craindraient que l'application de mon plan n'affaiblît cet invincible attachement à la patrie commune qui fait notre puissance. Mais je ne puis croire que de pareilles craintes germent dans l'esprit de personne.

Je ne propose pas de faire de la France une république fédérative, dans laquelle chaque état aurait, comme en Suisse, sa constitution et ses lois particulières. Je ne veux pas affranchir les départements de l'action du pouvoir central ; je ne veux que les abriter contre ses agressions, et, quand pour cela je ne demande pas autre chose que de soustraire à son autorité des fonctionnaires, qui ne devraient pas en relever, je ne pense pas qu'on puisse m'accuser de vouloir porter atteinte à la précieuse unité de la France.

Les événements, d'ailleurs, ne nous ont-ils pas montré que cette unité est impérissable ? Hélas ! pour être méconnue, elle ne nous est que trop cruellement attestée par l'immense désespoir de notre fidèle Alsace. Nos ennemis eux-mêmes en ont fait l'involontaire aveu, et, qu'ils le sachent bien, si, poussés par leur soif de conquête, ils séparent de nous ce pays dont l'âme est si française, il sera pour eux, jusqu'à ce qu'ils nous l'aient restitué, une nouvelle Pologne qui nous vengera de nos défaites.

L. HERVIEUX.

Paris, le 8 février 1871.

120   Paris. Imprimerie Morris père et fils, rue Amelot, 64.

420 Paris. — Typ. Morris père et fils, rue Amelot, 64.